आखिर ऐसा क्या कह दिया मैंने

आखिर ऐसा क्या कह दिया मैंने

नागार्जुन

वाणी प्रकाशन
प्रकाशन के उत्कृष्टतम 61 वर्ष

vaniprakashan.com

सजिल्द पहला संस्करण : 1986
सजिल्द दूसरा संस्करण : 1999
सजिल्द तीसरा संस्करण : 2012
सजिल्द चौथा संस्करण : 2014
सजिल्द पाँचवाँ संस्करण : 2024

वाणी प्रकाशन

4695, 21-ए, दरियागंज, नयी दिल्ली-110 002

फ़ोन : +91 11 23273167, 23275710

शाखाएँ

अशोक राजपथ, पटना-800 004, बिहार
कॉफ़ी हाउस कैम्पस, महात्मा गांधी मार्ग, प्रयागराज-211 001, उत्तर प्रदेश
महात्मा गांधी अन्तरराष्ट्रीय हिन्दी विश्वविद्यालय, वर्धा-442 001, महाराष्ट्र

sales@vaniprakashan.in
vaniprakashan@gmail.com

Aakhir Aisa Kya Kah Diya Maine
by Nagarjun

ISBN : 978-93-5000-937-6
Poetry Collection

मूल्य : ₹ 295

जी.एस. ऑफ़सेट द्वारा दिल्ली-110 095 में मुद्रित

वाणी प्रकाशन का लोगो मक़बूल फ़िदा हुसेन की कूची से

पिछले कई वर्षों से गर्मी का मौसम नागार्जुन जहरीखाल में गुजारते हैं। उनके लिए यह स्थान एक खूबसूरत और मनलगू 'हिल स्टेशन' है। पौड़ी गढ़वाल का यह पर्वतीय ग्रामांचल कवि को अति प्रिय है। संग्रह की अधिकांश रचनाएं वहीं उपजी-पनपी हैं।

नागार्जुन के 75वीं वर्षगांठ पर यह संग्रह जहरीखाल के नाम।

—शोभाकान्त

क्रम

आखिर ऐसा क्या कह दिया मैंने

सबके लेखे सदा सुलभ

गाल-गाल पर
दस-दस चुम्बन
देह-देह को दो आलिंगन
आदि सृष्टि का चंचल शिशु मैं
त्रिभुवन का मैं परम पितामह
व्यक्ति-व्यक्ति का निर्माता मैं
ऋचा-ऋचा का उद्‌गाता मैं
कहां नहीं हूं, कौन नहीं हूं
अजी यहीं हूं, अजी वहीं हूं
जहां चाहिए वहां मिलूंगा
स्थापित कर लो, नहीं हिलूंगा
उच्छृंखलता पर अनुशासन
दया-धरम पर मैं हूं राशन
सबके लेखे सदा-सुलभ मैं
अति दुर्लभ मैं, अति दुर्लभ मैं
महाकाल भी निगल न पाए
वामन हूं मैं, मैं विराट हूं
मैं विराट हूं, मैं वामन हूं

23.1.85

बार-बार हारा है

गोआ तट का मैं मछुआरा
सागर की उद्दाम तरंगें
मुझ से कानाफूसी करतीं

नारिकेल के कुंज वनों का
मैं भोला-भाला अधिवासी
केरल का वह कृषक पुत्र हूँ
'ओणम' अपना निजी पर्व है
नौका-चालन का प्रतियोगी
मैं धरती का प्यारा शिशु हूँ
श्रम ही जिसकी अपनी पूँजी
छल से जिसको सहज घृणा है
मैं तो वो कच्छी किसान हूँ
लवण-उदधि का खारा पानी
मुझ से बार-बार हारा है…

सौ-हजार नवजात केंकड़े
फैले हैं गुनगुनी धूप में
देखो तो इनकी यह फुर्ती
वरुण देव को कितनी प्रिय है !
मैं भी इन पर बलि-बलि जाऊँ !
मैं भी इन पर बलि-बलि जाऊँ
मेरी इस भावुकता मिश्रित
बुद्धूपन पर तुम मुसकाओ
पागल कह दो, कुछ भी कह दो
पर मैं इन पर बलि-बलि जाऊँ !

23.1.85

संग तुम्हारे, साथ तुम्हारे

एक-एक को गोली मारो
जी हाँ, जी हाँ, जी हाँ, जी हाँ…
हाँ-हाँ, भाई, मुझको भी तुम गोली मारो
बारूदी छर्रे से मेरी सद्‌गति हो…
मैं भी यहाँ शहीद बनूंगा
अस्पताल की खटिया पर क्यों प्राण तजूंगा
हाँ, हाँ, भाई, मुझको भी तुम गोली मारो
पतित बुद्धिजीवी जमात में आग लगा दो
यों तो इनकी लाशों को क्या गीध छुएंगे
गलित कुष्ठवाली काया को
कुत्ते भी तो सूंघ-सूंघकर दूर हटेंगे
अपनी मौत इन्हें मरने दो…
तुम मत जाया करना
आना वो बारूदी छर्रा इनकी खातिर
वर्ग शत्रु तो ढेर पड़े हैं,
इनकी ही लाशों से अब तुम
भूमि पाटते चलना
हम तो, भैया, लगे किनारे…
नहीं, नहीं, ये प्राण हमारे
देंगे, देंगे, देंगे, देंगे, देंगे
संग तुम्हारे, साथ तुम्हारे
मैं न अभी मरने वाला हूँ…
मर-मर कर जीने वाला हूँ…

12.4.81

सुन रहा हूँ

सुन रहा हूँ
पहर-भर से
अनुरणन—
मालवाही खच्चरों की घंटियों के
निरन्तर यह
टिल्लिङ्-टिङ्-टिङ्
टिङ्-टिङा-टङ्-टाङ् !
सुन रहा हूँ अनुरणन !
और सब सोये हुए हैं
उमा, सोमू, वसन्ती, शेखर, कमल…

सभी तो सोये पड़े हैं !
अकेले मैं जग गया हूँ

सुन रहा हूँ
मालवाही खच्चरों की
घंटियों के अनुरणन
दूरगामी खच्चरों की
घण्टियों के अनुरणन
श्रुति-मधुर है यह क्वणन
मुख्य पथ से दूर
वे पगडंडियाँ हैं
भारवाही खच्चरों के
खुरों से रौंदी हुई हैं

पहाड़ी ग्रामांचलों तक
ट्रक तो जाते नहीं हैं !

कौन उन तक माल पहुँचाए
तेल, चीनी, नमक, आटा—
गुड़ 'य' माचिस—मोमबत्ती
दवा-दारू या कि चावल-दाल
ईंधन, लोह-लक्कड़
साहबों की कुर्सियाँ तक
खच्चरों की पीठ पर ही लदी होतीं !

निकर या बुशशर्ट···
रेडीमेड सारे
शिशु-जनोचित
सभी कुछ तो
खच्चरों की पीठ पर ही लदा रहता
पहुँचता है दूर-दूर···
पहाड़ी ग्रामांचलों तक···
क्या पिठौरागढ़-भुवाली···
रानीखेत—अल्मोड़ा···कहीं भी
पहुंचने की
निजी ही पगडंडियाँ हैं
खच्चरों के खुरों से रौंदी हुई
वे युगों तक
इतर साधारण जनों की
पथ-प्रदर्शक···

सुन रहा हूँ
खच्चरों की
घण्टियों का अनुरणन···
नित्य ही सुनता रहूँगा···
रात्रि के अन्तिम प्रहर में···
भारवाही खच्चरों की
घण्टियों के अनुरणन—
तालमय, क्रमबद्ध···
10.5.85

बाघ आया उस रात

"वो इधर से निकला
उधर चला गया ऽऽ"
वो आँखें फैलाकर
बतला रहा था :
"हाँ बाबा, बाघ आया उस रात,
आप रात को बाहर न निकलो !"
जाने कब बाघ फिर से आ जाये !
"हाँ वो ही ी ी ! वो ही जो
उस झरना के पास रहता है
वहाँ अपन दिन के वक्त
गए थे न एक रोज ?
बाघ उधर ही तो रहता है ।
बाबा, उसके दो बच्चे हैं
बाघिन सारा दिन पहरा देती है
बाघ या तो सोता है
या बच्चों से खेलता है···"

दूसरा बालक बोला—
"बाघ कहीं काम नहीं करता
न किसी दफ्तर में
न कालेज मेंऽऽ"
छोटू बोला—
"स्कूल में भी नहीं···"
पाँच-साला बेटू ने
हमें फिर से आगाह किया
अब रात को बाहर होकर बाथरूम न जाना !"

'84

जंगलों में

जंगलों में
लगी रही आग
लगातार तीन दिन, दो रात
निकटवर्ती गुफावाला
बाघ का खानदान
विस्थापित हो गया है

उस झरने के निकट
उसकी गुफा भी
दावानल की चपेट में
आ गई थी…
वो अब किधर
भटक रहा होगा ?
रात को निकलता होगा
पूर्ववत्…

बाघिन बेचारी
अपने दोनों बच्चों पर
रात-दिन पहरा देती होगी
मध्य रात्रि में
आस पास की झाड़ियों के
चक्कर लगा आती होगी
जरूर ही जल्द वापस होती होगी
वात्सल्य क्या
उस गरीब का
स्थायी भाव न होगा

बाघ लेकिन
सारा-सारा दिन
वापस न आता होगा
हाँ, शिकार पा जाने पर
फौरन लौटता होगा बाघ !

5.6.85

ध्यानमग्न वक-शिरोमणि

ध्यानमग्न
वक-शिरोमणि
पतली टाँगों के सहारे
जमे हैं झील के किनारे
जाने कौन हैं 'इष्टदेव' आपके !

'इष्टदेव' हैं आपके
चपल-चटुल लघु-लघु मछलियाँ…
चाँदी-सी चमकती मछलियाँ…
फिसलनशील, सुपाच्य…
सवेरे-सवेरे आप
ले चुके हैं दो बार !
अपना अल्पाऽऽहार !
आ रहे हैं जाने कब से
चिन्तन मध्य मत्स्य-शिशु
भगवान् नीराकार !

मनाता हूं मन ही मन,
सुलभ हो आपको अपना शिकार
तभी तो जमेगा
आपका माध्यन्दिन आहार

अभी तो महोदय, आप
डटे रहो इसी प्रकार
झील के किनारे
अपने 'इष्ट' के ध्यान में !
अनोखा है
आपका ध्यान-योग !
महोदय, महामहिम !!

'84

डियर तोताराम

उल्टा लटककर
वो कुतर रहा है नाशपाती
दस का यह गुच्छा ही
इसे जाने क्यों भाया ?
लीजिए, हमारी आहट पाकर
वो उड़ गया...
पहाड़ी तोता...

जरूर ही वो बार-बार
नाशपाती का जायका लेने आएगा
बार-बार उल्टा लटकेगा
दस की घौद में से तब
एक नाशपाती टूट के नीचे गिरेगा
फिर दूसरे-तीसरे नाशपाती का
नम्बर आएगा
नहीं भी आए शायद !
इस घनी टहनियों में
उल्टा लटकना आसान होगा शायद !
किन्तु,
घनी-पतली टहनियों में
उल्टा लटकने की सुविधा तो
तोते को दूसरे-तीसरे ठिकानों पर भी
मिलेगी
जहरीखाल में नाशपाती का
क्या एक यही पेड़ है ?
मियाँ मिट्ठू,

(महोदय आत्माराम,)
आप तो नाहक ही
हमारे पैरों की आहट से भड़क गए !
भला, य' भी कोई बात हुई !
आइए, इत्मीनान से
इन टहनियों में उल्टा लटकिए !
मौसम की ताजगी का स्वाद लीजिए !
लेकिन आप तो भई,
'गृह-पालित' नहीं, आजाद तोता थे ना ?
आइए, बेखटके आइए !
उल्टा लटकिए,
हमारा मनोरंजन कीजिए !
प्लीज, डियर तोताराम !

'84

क्रंदन भी भा सकता है

अपना न हो तो
क्रंदन भी
कानों को
भा सकता है···
स्वजन-परिजन,
चहेते पशु-पक्षी,
निकटवर्ती बगिया के
फूलों पर मँडराते
सु-परिचित भ्रमर,
किसी का आर्तनाद
दुखा जाता है मेरा दिल···

बरसाती मौसम के निशीथ में
सुने मैंने हाल ही
उस गरीव के चीत्कार
सांप के जबड़ों में फंसा था वो
कर रहा था
चीत्कार निरन्तर
मेढ़क बेचारा···
हमारी पड़ोस वाली
तलइया के किनारे···
हाय राम, तुझे—
काल-कवलित होना था यहीं !

'84

मेरे बच्चे

क्या हूँ मैं ?
कुछ तो नहीं हूँ
बारह छौनोंवाली—
मादा सुअर की तरह
लेटी रहती हूँ
मुझे सुकून मिलता है
दुर्गन्धित कीचड़ की मुलायम सेज पर
मैं नहीं जानती
न कभी जान ही पाऊँगी
वैशाख-जेठ का मौसम आता है, तब
श्रीनगर के कूचों में
ठसाठस भीड़ क्यों हो जाती है
उन दिनों मालकिन
हमें दाने-दाने को क्यों तरसा मारती हैं
मेरे दिल के टुकड़े
उन्हीं दिनों क्यों
एक-एक करके गायब कर दिए जाते हैं
यह सब मैं नहीं जानती
न कभी जान ही पाऊँगी
नर-सुअर का रूप धर के
भगवान कभी धरती पर आया था
शायद वो भी कश्मीर घूमने आया हो
मगर उसे तो तब इनके पूर्वजों ने
महीन शालों में लपेटकर
अपने मजबूत कन्धों पर
चाँदी की पालकी के अन्दर

सजा-सुजूकर
खुशी-खुशी ढोया होगा
जोरों से आवाज लगाई होगी—
"वराह भगवान् की जय"
"बोलो जी, वराह भगवान की जय"
लेकिन, मैं तो नापाक हूँ,
अदना-सी मादा सूअर हूँ!
मुझे क्या पता, हिमालय क्या होता है!
क्या होता है कैलाश!...
मुझे क्या पता
मैं नहीं जानती—
कौन थी गौरी, कौन था शंकर
हाय, कश्मीर में हमदर्द डोम नहीं हैं!
वे मुझे भली-भाँति पहचानते...
बा-इज्जत मुझे रखते!
वसंत क्या होता है, मालूम नहीं
बरफ की सफेदी, चिनार, देवदार, अखरोट ..
मैं कुछ तो नहीं जानती!
हाँ, ठण्ड से बेहद घबराती हूँ मैं
तब मेरे बच्चे मेरे पास नहीं होते!
हाँ, होते हैं लेकिन—
लाल-सुर्ख गालों वाले भले मानुषों के तन-मन का
जिन्दा हिस्सा बन चुके होते हैं
श्रीनगर से वापस जा चुके होते हैं!
30.6.82

यह तो वो नहीं है

यह तो वो नहीं है !
क्या मैं रोज यहीं बैठता था ?
क्या नाशपाती का वही पेड़ है यह ?
मैं ऐसे भला क्यों मान लूँ !
क्या हम इसी की छाँह में
विगत ग्रीष्म के
मध्याह्न गुजारते थे--
सफरी पलंग पर लेटकर
क्या हम यहीं बैठते थे
मूंज की रस्सियों वाले मूढ़े पर ?
ढाई साल वाले उस शिशु से
मैंने यहीं तो दोस्ती गाँठी थी ?
उसका नाम 'अ' से था न ?
फलों वाली प्रजाति का यह तरुण तरू
आज मुझे बिल्कुल नया नया लगता है,
ताम्रवर्णी पत्तियों वाली टहनियाँ
चाँदी के फूलों से ढक गयी हैं,
लगता ही नहीं कि यह वही पेड़ है !
पिछले साल, जब हमने
इससे विदाई ली थी,
यह हजार-हजार फलों से लद रहा था
रसीले-खटमिट्ठे फलों से !
अभी तो पट्ठा
सफेद फूलों से पटा पड़ा है :
लगता ही नहीं कि वही है
लेकिन हाँ,

उस शिशु की प्रसन्न आँखों का साक्ष्य
इस समय
हमारे काव्य-सखा को
अनायास प्राप्त हो गया है
खुशियाँ छलकाने वाली
अपनी प्रसन्न दृष्टियों से
'अ' बतला रहा है—
"बाबा, अब आप
यहीं तो बैठोगे !
यहीं तो लेटोगे !
पापा जब नहीं होंगे
तब मैं ही आपका साथ दूंगा !"

'84

फ़ुहारों वाली बारिश

जाने, किधर से
चुपचाप आकर
हाथी सामने लेट गए हैं,
जाने किधर से
चुपचाप आकर
हाथी सामने बैठ गये हैं !
पहाड़ों-जैसे महाविशाल
भूरी रंगत वाले
पाँच-सात हाथी
सामने बिल्कुल निकट
जम गए हैं
इनका झुण्ड—इनका सर्किल
हमें बार-बार ललचाता रहेगा
छेड़ने के लिए/छिड़ने के लिए
बुलावा देता रहेगा बार-बार

लो, ये गिरि-कुंजर
और भी बड़े होने लगे
विशाल, महाविशाल
लो, ये दूर हट गए
लो, ये और भी पास आ रहे
लो, इनका लीलाधारी रूप
और भी फैलता जा रहा,
लेकिन, ये गुम-सुम क्यों हैं !

अरे, इन्होंने तो
ढक लिया अपने आपको

हल्की-झीनी चादरों से
लूज़ बिनावट वाली
वो मटमैली ओढ़नी
बादलों को ढक लेगी अब
अब फुहारों वाली बारिश होगी
बड़ी-बड़ी बूंदें तो यह
शायद कल बरसाएँगे
शायद परसों...
शायद हफ्ता बाद...
गिरिकुंजर तब
पूरे आसमान में
फैल जाएँगे
गर्जन-तर्जन नहीं
बरसेंगे, बस बरसते रहेंगे चुपचाप!
सारा-सारा दिन, सारी-सारी रात
बिना कहे, आपो आप
चुपचाप!!
'84

कोहरे में शायद न भी दीखे

वो गया
वो गया
बिल्कुल ही चला गया
पहाड़ की ओट में

लाल-लाल गोला सूरज का
दीख जाए पूरब में
शायद सुबह-सुबह
कोहरे में शायद न भी दीखे
फिलहाल तो वो
डूबता-डूबता दीख गया।

दिनान्त का आ-ताम्र भास्कर
जेठ के उजाले पाख की
नौवीं सांझ
पसारेगी अपना आँचल
हिम्मत न होगी तमिस्रा को
धरती पर झांकने की !
वो प्रतीक्षा करेगी सहमी-सहमी
उधर, उस तरफ, खंडहर की ओट में !
जी हाँ, पुरानी राजधानी के
खण्डहरों वाले उन उदास झुरमुटों में
तमिस्रा करेगी इन्तजार
दो बजे रात तक !
यानि तिथि क्रम के हिसाब से

आधो धुली चाँदनो
तब तक खिली रहेगी
फिर आएगा नम्बर तमिस्रा का !
यानि अँधेरा फैलेगा तब···
'84

सब कुछ कोहरे में

अभी नहीं
आएँगे नजर
सलेटी छतों वाले गाँव
सूरज की किरणें, बादल की छाँव
नहीं, नहीं
अभी नहीं आयेंगे नजर···

अभी नहीं आएगी नजर
लंबे पतले चीड़ों की
बे-तरतीब कतार
अभी नहीं आएगी नजर
चाँदी-सी चमकती
बाँकी-तिर्छी धार
नहीं, नहीं, अभी नहीं···

अभी तो ऽऽऽ
जी हाँ, अभी तो—
डूबा है सब कुछ कोहरे में !
निचले-उपरले गाँव···
आवारा बादलों की छाँव···
चीड़ों की कतार
पानी की पतली धार
डूबा है सब कुछ कोहरे में !

2.6.84

शिखरों पर

ये तुंग-शृंग, ये अद्भुत ··
शिखरों पर शिखर जमे हैं
ये रजत-राशि नैसर्गिक
इन पर कैलास थमे हैं

इनकी छवि-छटा निराली
वह धौली-भूरी-काली
बालारुण इनमें भरता
पिघले कंचन की लाली

हम जहरी के डांडे पर
विस्मय-विमुग्ध लखते हैं
नयनों से रजत-अचल की
बस, रूप सुधा चखते हैं

ग्रीष्मान्त घनों की करुणा
बरसी थी आज सवेरे
यों तो आवारा बादल
कल लगा गए थे फेरे

नीले नभ में चमकेगी
प्रतिदिन हिम सृष्टि शिखरणी
समतल में आम पकाएँ
ये नखत अश्विनी-भरणी

26.5.85

रातोरात भिगो गए बादल

मानसून उतरा है
जहरीखाल की पहाड़ियों पर

रातोरात
भिगो गए बादल
सलेटी छतों वाले
कच्चे-पक्के घरों को
रातोरात

सोंधी भाफ छोड़ रहे हैं
ज्यामितिक आकृतियों में
फैले हुए खेत
दूर-दूर, ऊँच-नीच
ऊँच-नीच, दूर-दूर
दीख रहे इधर-उधर
डांडे के दोनों ओर
फैले हुए खेत, पसरे हुए खेत
ज्यामितिक आकारों में
दीख रहे खेत !

दावानल-दग्ध वनांचल…
चीड़ों की झुलसी कतारें
डाल रहीं व्यवधान कहीं-कहीं
मौसम का पहला वरदान
इन तक भी पहुँचा है

जहरीखाल पर
उतरा है मानसून

वादल भिगो गए चुपचाप
रातोरात सबको…
इनको
उनको
हमको
तुमको
आपको, आपको, आपको !
मौसम का पहला वरदान
पहुँचा है सभी तक

उतरा है मानसून
जहरीखाल की पहाड़ियों पर
रातोरात भिगो गए वादल
सलेटी छतों वाले कच्चे-पक्के घरों को !

'84

इनकी लीला

देखिए तो इनकी लीला
बूंद-बूंद बरसते हैं
टुकड़ों में बँटे-बँटे
नीचे, धरती की ओर बढ़ते हैं
फ्रिज के अन्दर जम जाते हैं !
देखिए तो इनकी लीला !

क्या ये वही हैं
जिन्होंने कालिदास को
अपनी तरफ खींचा था ?
क्या यही उस कवि को
उड़ा ले गए थे अलकापुरी ?
देखिए तो इनकी लीला !

5.3.85

'रास' बदलियों का

देखो, देखो !
बादलों को निगल गए कोहरे…
देखो, देखो !
कोहरों को उगल रहे बादल…
इनकी यह लीला अभी चलती रहेगी…
चलता रहेगा 'रास' बदलियों का
काले-काले बादल
झूमते नजर आएँगे कभी-कभी !
कभी-कभी कोहरा ही कोहरा होगा इर्द-गिर्द…
लगेगा कभी कि बादल
काफी नीचे झुक गए हैं
वो अपनी सूंड़ लटकाकर
झरनों से पानी लेंगे
एक-एक बूंद जल खींच लेंगे !
तब वो हाथी नजर आएँगे
बादल नहीं होंगे तब…

14.6.84

चाँदी की हँसुली

नीचे,
बहुत नीचे,
बहोत नी ी ी ी चे ` ` `...
सतपुली-सी गहराई में
अच्छी-खासी पहाड़ी नदी
प्रवाहित है जाने कब से...
बीसियों पतले स्रोत
मिलकर धारा बनते हैं न !
चक्करदार पहाड़ी सड़कों से देखने पर
ये नदियाँ चाँदी की हँसुली-सी लगती हैं !

14.6.84

मैंने देखा

मैंने देखा :
दो शिखरों के अन्तराल वाले जंगल में
आग लगी है···

बस जब ऊपर के मोड़ों से
आगे बढ़ने लगी सड़क पर
मैंने देखा :
धुआँ उठ रहा
घाटी वाले
खंडित मंडित अन्तरिक्ष में
मैंने देखा आग लगी है
दो शिखरों के अन्तराल वाले जंगल में !

मैंने देखा :
शिखरों पर
दस-दस त्रि-कूट हैं
यहाँ-वहाँ पर चित्र-कूट हैं
बाएँ-दाएँ तलहटियों तक
फैले इनके जटा-जूट हैं
सूखे झरनों के निशान हैं
तीन पथों में बहने वाली
गंगा के महिमा-बखान हैं
दस झोपड़ियाँ, दो मकान हैं
इनकी आभा दमक रही है
इनका चूना चमक रहा है

इनके मालिक वे किसान हैं
जिनके लड़के मैदानों में
युग की डाँट-डपट सहते हैं
दफ्तर में भी चुप रहते हैं

5.5.85

इत्ते अर्से बाद

इत्ते अर्से बाद
हम मिले भी तो क्यों !
हम मिले भी तो कैसे !
हाय,
तू तब भी क्या ऐसी ही निठुर थी ?
ऐसी ही पगलेट—
मटियाले झाग उछालती···
बेसब्री में खाती हुई पछाड़ पे पछाड़ !
ना, तब तू ऐसी न थी !

पहली बार
लगातार कई दिनों तक
साथ रहा हमारा···
तब तू स्फटिक-सी स्वच्छ थी,
पारदर्शी, प्रवहमान, तरल,
अपने अन्दर लाख-लाख बाँट विद्युत समेटे···
वो तू नहीं थी क्या ?
मेरी प्रिय सखी,
चन्द्रभागा !
वहाँ, तब तू चनाब थी न ?
'हीर-राँझा' वाली चनाब न ?
तब चनियोट (पश्चिमी पंजाब) में
तेरी पहली झलक मिली थी मुझे
नील-निर्मल जल के अन्दर
तब 'आकंठमग्न' होकर मैं देर तक गुनगुनाता रहा

—मेघदूत के पद, विद्यापति के पद और चंडीदास के पद
क्या, वो तू कोई और थी ?
क्या, वो मैं कोई और था ?
सच-सच बतला
ओ मेरी सनातन सहेली !
चन्द्रभागा, प्रिय सखी मेरी !!

18.6.82

क्या कोई दूसरा भी

फिर
क्या कोई दूसरा राजा भी
उसे चराने ले गया
हिमाद्रि की तलहटियों में ?
क्या कोई दूसरा भी
"पिता" बना
उसकी परिचर्या से
बँधुआ श्रमिकों के
बँधुआ बालक
आज भी चराते हैं पशु
लाखों की तादाद में
क्या कोई राजपुत्र भी
इनमें कभी कहीं शामिल होगा
अपनी मर्जी से ?

4.3.85

तटस्थ रहना

तटस्थ रहना
यानि
तटस्थता के मजे लूटना
'G' "द ग्रेट" होने के बराबर है
तो महोदय, आप
हमारी इन पंक्तियों पर
नजर न डालें
आपको मोतियाबिन्द हो जाएगा
आपके तन से दुर्गन्ध का भभका उठेगा
दस लीटर इत्र भी
आपकी साँसों को
सुरभित न कर पाएगी
जी, आपको अन्त तक
तटस्थ ही रहना है
ढेर सारे 'G' हैं इस धरती पर
वो आपको घर बैठे
दक्षिणा पहुँचा रहे हैं···

22.1.81

'सद्‌गति'

"मेरी पीठ का
उसने सचमुच
पीढ़ा बना दिया है !
मेरे ही वंशधर
भविष्य में इसका इस्तेमाल करेंगे
ठीक है, ठीक है, ठीक है !
फिलहाल तो—
इस पीठ पर जो भी बैठेगा,
जुगाली ही जुगाली करता रहेगा
पद्‌मासन की मुद्रा में बैठा दीखेगा
भुक्खड़ शब्द शिल्पियों के अन्दर
ईर्ष्या की आग सुलगती होगी
सूखे तालुओं से थूक भी तो न पाएँगे गरीब !
मैं तो भई, गुमसुम पीठ का दर्द झेलता जाऊँगा··
ठीक है, ठीक है, ठीक है !
इसी तरह अपनी 'सद्‌गति' होनी थी !"

19.6.81

यह सुख छोटा नहीं

डेढ़ वर्ष उम्र का सलोना शिशु
—स्वस्थ, प्रसन्न, सुदर्शन शिशु
अपने आप आकर
तुम्हारी गोद में लुढ़क गया
"लो, मुन्नी तो सो भी गई !
लो, इसका प्यारा गेंद"
—लाल, हल्का, रबड़वाला गेंद
हाथ से छूटकर उधर जा पड़ा
"लो, यह तो गाढ़ी नींद में आ गई !
मुन्नी ी ी ! मुन्नी ी ी ी !! मुन्नी ी ी ी !!!

यह सुख छोटा नहीं है बन्धु !
अपने आप में बहुत बड़ा है !!
सभी को नसीब नहीं होते ऐसे सुख...
यह भी सबको कहाँ मिलता !
हाँ, यह एक छोटा-सा 'सुख' भी
सभी को नसीब नहीं होता !!

18.4.85

हमारा यह प्रतिनिधि

वो
क्यारी खोद रही है
भुरभुरी मिट्टी के अन्दर
मक्का बोएगी
चौथी पीढ़ी का
हमारा यह
तीन-साला प्रतिनिधि भी
हाथ में खुर्पी लेकर
अपनी अम्मी का
अनुसरण कर रहा है
पसीने की बूंदियाँ
चमक रही हैं
माथे पर !

बोकारो में बाप···
चाचा टाटा में···
सिन्द्री में जीजा···
पलायन कर गई जीजी
हावड़ा में करती है गुप्त-वास
अपने मजनूं के साथ···
बड़ा होने पर
क्या करेगा
चौथी पीढ़ी का
हमारा यह प्रतिनिधि ?

20.3.85

चौथी पीढ़ी का प्रतिनिधि

यहाँ, गढ़वाल में,
कोटद्वार-पौड़ीवाली सड़क पर
ऊपर चक्करदार मोड़ के निकट

मकई के मोटे टिक्कड़ को
सतृष्ण नजरों से देखता रहेगा अभी
इस चालू मार्ग पर
गिट्टियाँ बिछानेवाली मजदूरिन माँ
अभी एक बजे आएगी
पसीने से लथपथ
निकटवर्ती झरने में
हाथ-मुँह धोएगी
जूड़ा बाँधेगी फिर से

और तब
शिशु को चूमकर
पास बैठा लेगी
मकई के टिक्कड़ से तनिक-सा
तोड़कर
बच्चे के मुँह में डालेगी

उसे गोद में लेकर
उसकी आँखों में झाँकेगी
पुतलियों के अन्दर
अपनी परछाईं देखेगी
पूछेगी मुन्ना से;
मेरी पुतलियों में देख तो, क्या है !

वो हँसने लगेगा···
माँ की गर्दन को बाँहों में ले लेगा

तब, उन क्षणों में
शिशु की स्वच्छ पुतलियों में
बस, माँ ही माँ प्रतिबिम्बित रहेगी···

दो-चार पलों के लिए
सामने वाला टिक्कड़
यों ही धरा रहेगा···
हरी मिर्च नमकवाली चटनी
अलग ही धरी होगी
चौथी पीढ़ी का हमारा प्रतिनिधि
बछन्द्रीपाल का भतीजा हो सकता है !

21.3.85

शान्ति मैत्री

संयोगवश
हम यहाँ साथ-साथ खड़े हैं
दुबले-पतले हाथ-पैरों वाले
मरियल और बीमार कद-काठीवाले
पिचके गालों और धँसी-धँसी आँखोंवाले
हम यहाँ साथ-साथ खड़े हैं संयोगवश
अपने सुदृढ़ आलिंगनों में कसकर
हमें इतना अधिक मत झकझोरो
लेनिन जैसे आपके पितामह हुए
जिन्होंने हासिल करवा दिया
आपके लिए स्वर्ग-सुख
मगर हमारा तो
कोई पूर्वज वैसा नहीं हुआ

यहाँ तुम्हें
ठौर-ठौर पर
सामन्तशाही के गढ़ दिखाई पड़ेंगे
हम इन्हें कितना भी छिपायें
कितना भी ओझल रखेंगे तुमसे
अपने आप देख ही लोगे तुम तो
मुसोलिनी, हिटलर, तोजो, फ्रांको के बच्चे
हिन्दुस्तान में ठौर-ठौर पर मिलेंगे तुम्हें
अपनी द्रव्य-राशि के जादू से
यहाँ के शोषक
घूम-घाम आते हैं सारी दुनियाँ
समाजवादी देशों में भी

इनका अबाध स्वच्छन्द विहार होता है
इनकी नकली मुसकानों से
धोखा मत खाना तुम

हम, महँगाई के मारे हुए लोग
हम, गैर बराबरी के सताए हुए लोग
हम, अन्धाधुन्ध दमन के शिकार लोग
हम, बेरोजगार और जाहिल लोग
हम, सनातन भाग्यवादी और काहिल लोग
तुम्हारे आगे हमें डर लगता है
हम सहम-सहम कर
तुमसे हाथ मिलाते हैं
तुमसे शर्माते हैं हम
तुम्हारी शान्ति-मैत्री
खाये-पीये अघाये हुए
स्वस्थ-सम्पन्न-सुखी जनों की शान्ति-मैत्री है
हमारी शान्ति-मैत्री तो बस यों ही
आपस में भी काफी नहीं पड़ती
फूट-फाट में बिखरे हुए हम
शान्ति-मैत्री को भी
आपस में घोल-मट्ठा की तरह
इस्तेमाल करते हैं

अगले वर्षों में
भीषण वर्ग-युद्ध में से
हमें गुजरना है
अगले वर्षों में हमें
अपने तईं आर्थिक आजादी
नये सिरे से हासिल करनी है
अगले वर्षों में हमें
शत-प्रतिशत शिक्षित होना है
क्रान्ति और शान्ति उधार में नहीं

स्वयं अपने बल-बूते पर
हम प्राप्त करेंगे
शोषण और तानाशाही की बुनियादें
खोद-खाद कर हम सचमुच
नया हिन्दुस्तान बनाएँगे

अभी यों ही आप
हमारी तारीफ के पुल न बाँधो
हमें सच्चे अर्थों में स्वाभिमानी
सांगठनिक शक्तिशाली बनना है
आप शिष्टतावश
यों ही
श्रीमती भा० स० को
सिर न चढ़ाया करो
प्लीज,
सन्तुलित भाषा में ही
इनकी तारीफ करो
हमें मुसीबत में मत डालो !!

29.10.83

इन घुच्ची आँखों में

क्या नहीं है
इन घुच्ची आँखों में !
इन शातिर निगाहों में
मुझे तो बहुत कुछ
प्रतिफलित लग रहा है !
नफरत की धधकती भट्ठियाँ···
प्यार का अनूठा रसायन···
अपूर्व विक्षोभ···
जिज्ञासा की बाल-सुलभ ताजगी···
ठगे जाने की प्रायोगिक सिधाई···
प्रवंचितों के प्रति अथाह ममता···
क्या नहीं झलक रही
इन घुच्ची आँखों से ?
हाय, हमें कोई बतलाए तो !
क्या नहीं है
इन घुच्ची आँखों में !

’84

मैला आँचल

पंक-पृथुल कर-चरण हुए चन्दन अनुलेपित
सबकी छवियाँ अंकित, सबके स्वर हैं टेपित
एक दूसरे की काया पर पाँक थोपते
औराही के खेतों में हम धान रोपते
मूल गंध की मदिर हवा में मगन हुए हैं
माँ के उर पर, शिशु-सम हुलसित नगन हुए हैं
सोनामाटी महक रही है रोम-रोम से
श्वेत कुसुम झरते हैं तुम पर नील व्योम से
कृषकपुत्र मैं, तुम तो खुद दर्दी किसान हो
मुरलीधर के सात सुरों की सरस-तान हो
धन्य जादुई मैला आँचल, धन्य-धन्य तुम
सहज सलोने तुम अपूर्व, अनुपम, अनन्य तुम।

29.7.73

हमारा पगलवा

तुम मुझे रोक नहीं सकते
मना नहीं कर पाओगे मुझको
मैंने यहाँ अपना बसेरा बना रखा है
चुपचाप आती हूँ
निकल पड़ती हूँ चुपचाप
यह मेरी अपनी जगह है
अपनी पसन्द का ठीहा
अपना मनचीता आरामगाह…
यहाँ मैं मध्य निशा में
अकेली ही नाचती हूँ
गुनगुनाती हूँ अकेली ही
तुम तो मुर्दा की तरह ढेर पड़े हो
पता तक नहीं चल पाता है तुम्हें
मैं यहाँ अपनी लीलाएँ रचती हूँ
सामने होते हैं कतारों में सजे शब्द…
भावनाओं के हजूम दिप-दिप करते हैं
अपनी मौज के मुताबिक
उनसे काम लेती हूँ मैं
तुमसे नहीं कहती हूँ
"एजी, सुना तुमने !
यहाँ तो बड़े मच्छर हैं
खटमलों के लाल-लाल चिरंजीव
परेशान कर रहे हैं मुझे……
ए जी सुनते हो !
बाप रे बाप, इस कदर भी

किसी की नाक बजती है !
यह तीसरी रात है…
पलकों के कोए जाने कब से दहक रहे हैं
मर गई मैं तो !
ए जी सुना तुमने ?"
इस तरह क्या कभी मैंने तुमसे शिकायत की है ?
यह कितना अच्छा है
तुम साँड की भाँति लेटे रहते हो
यह कितना अच्छा है
तुम नींद लेते हो भरपूर…
तुमने तो अपनी रूह को मार ही दिया था
दबा दिया था अपने दिल को चट्टान के नीचे
ठीक उन्हीं लमहों में
मैंने इस जगह को पसन्द कर लिया था
अब यह मेरा ठिकाना है
तुमने तो अपनी रूह को बर्बाद ही कर लिया था
जी, तुम्हें क्या लेना-देना था इससे !
मैं यहाँ की 'मलका' हूँ
'पगली मलका'…जी, तुम्हें क्या लेना-देना था इससे !
मैं यहाँ की 'मलका' हूँ
'पगली मलका'…जी, तुम्हें क्या लेना-देना है अब इससे!

'बारह दरीचों वाला' लता-मण्डप…
मैंने इस ठिकाने को बड़े जतन से सजाया है
यहाँ किसी को झाँकने नहीं देती हूँ
यहाँ किसी को झाँकने नहीं दूँगी
किसी को नहीं
किसी को नहीं
किसी को नहीं
कभी नहीं, कभी नहीं, कभी नहीं !
एक बार
यानि सुदूर अतीत में

यानि आज से पच्चीस वर्ष पहले
अपना यह पगलवा
काठमांडू गया था
वहाँ से 'गुद्मा'* ले आया था
यह 'गुद्मा' अब गूदड़ रह गया है
मगर आज भी काफी गर्माहट है इसमें
मुलायम तो खैर है ही
यानि उस बार ढेर-सी रकम हाथ आ गई थी
यानि उस वर्ष मेरा पगलवा
नेपाल से गुद्मा ले आया था
मैं अभी अगले कई वर्षों तक इसे सँभालकर रखूंगी
पगलवा बड़ा खुश होता है इस गूदड़ को ओढ़कर
वो तो गर्मी के मौसम में यह गूदड़
कन्धों पे डाल लेता है
नदिया-किनारे निकल जाता है
टोकती हूँ तो गुर्राता है
एक बार पगलवा कहीं से
काठ का स्टूल उठा लाया
पतली बाँस के पंगुल पैरों वाला स्टूल !
नहीं, यह कमजोर नहीं है
थोड़ा भद्दा दिखता है सही
मगर काफी टिकाऊ है
मैं इस पर अक्सर बैठा करती हूँ
जब 'माउथ आर्गन' बजाने का जी करता है
हाँ, तब मैं इसी स्टूल पर जम जाती हूँ !
उसकी भी अलग कहानी है
जी हाँ, वो दार्जिलिंग से आया था
यही, दस-एक साल होते हैं, जी हाँ !
आप इसे बजाकर देखिए न !
होंठों से लग गई तो फिर हटाने को जी नहीं करेगा !

---

* तिब्बती कम्बल

यह 'माउथ आर्गन' थोड़े है ?
सुरीली बच्ची है
जादू का करिश्मा है
'मेड इन जर्मनी' है
साफ-साफ पढ़ा जाता है
...HAMBURG...
देखा न ?
यह भी पगलवा उठा लाया था···
नहीं, इसे होंठों से लगा के तो परखिए !
उस बार वो अकेला ही निकला था
मौसम था पूस-माघ का
और हमरा पगलवा
दार्जिलिंग घूम आया था
पीछे किसी ने बतलाया
वो एक लामाइन के साथ
गंगतोक की सड़कों पर चहलकदमी कर रहा था
मैंने जिक्र किया तो मुस्कुरा उठा था,
वो मुझसे तो क्या
किसी से भी झूठ नहीं बोलता···

3.10.81

मध्यरात्रि में

देखना
देखना
देखना
थामे रहना मुझे
मुझको छोड़ मत देना
रूठना न कभी
रूठना न कभी
ओ मेरा कंचन
ओ मेरी पूंजी
ओ मेरे सरबस
ओ मेरे 'सब-कुछ'
ओ मेरी जान
ओ मेरे राजा
ओ मेरी रानी
ओ मेरे क्रोध
ओ मेरी नफरत

प्रतिहिंसा की ओ मेरी अपनी आँच
ओ मेरी घिन
ओ मेरी आँच
ओ मेरी आँच
ओ मेरी आँच
अब इन झुर्रियों की
ब्राह्मी-लिपि तू ही बाँच
खरोष्ठी अभिलेख तू ही बाँच
ओ मेरी आँच, ओ मेरी आँच

बाप रे बाप !
बाप रे बाप !
हद कर दी इस खूसट ने
ठीक ढाई बजे
रात की तिपहरिया में
मीटर कर दी डाउन
अब मैं लेट ही नहीं सकता

आओ सहेलियो
स्वागत है तुम्हारा
यही तो इकरार था
हमारा-तुम्हारा
अच्छा किया, वक्त पर आ गई हो !
आओ सहेलियो, आओ सहेलियो !!
हजूम बाँधकर आई हो,
यह क्या बात हुई !
गिरोह में आ धमकी हो
यह क्या बात हुई !
क्यों करती हो तबाह इस गरीब को ?
एक-एक करके आना था न ?
इत्ती वक्त अब मैं क्या करूँ !
कहाँ तुम्हें बिठाऊँ ?
कैसे करूँ अगवानी ?
अच्छा, आ गई तो ठीक ही किया···
मगर एक-एक करके करीब आओ !
लो, यह मैंने चुटकी बजाई···
बाकी सब दफा हो जाओ
हाँ, एक ही रहो !

मगर यूँ नहीं,
नहीं, नहीं, यूँ नहीं ीं ीं ीं ीं !
हाँ, मेरी जान, यूँ ूँ ूँ ूँ ूँ !

अच्छा, अच्छा, अच्छा, अच्छा ऽऽऽऽ!
तुझे क्या कहके पुकारूँ ?

हाँ, हाँ, पास आ जा
ले मेरा कपार छू कर देख तो ऽऽ
बुखार तो नहीं है मुझे ?
कित्ता सर्द है तेरा हाथ !
ओफ्फोह ! ओफ्फोह !!
बस, बस, बस, बस्स···
परे कर अपना हाथ
हाँ, मुझे बुखार !
लेकिन मैं तो पूरे होश में हूँ ··
मेरी नजरें दिप-दिप कर रही हैं !
मेरे सीने के अन्दर धड़कन तेज है !
पसीने में वो 'बू' तो नहीं है ?
वो 'बू' ज्वरों वाली ?
नहीं मैं ठीक हूँ !
मुझे बुखार-फुखार कुछ नहीं है !
मगर हाँ, एक किस्म की बेचैनी तो
यहाँ हर हमेशा रहती है···
अब तुझ से क्या छिपाऊँ···
यह बेचैनी ही तो अपनी जमा पूंजी है
हाँ, अस्सल जमा-पूंजी ! अस्सल !
यह अक्सर रात को ही आती है
—ठीक, दो बजे के बाद···
दरअसल यह मेरी जान है
मेरा 'सब-कुछ'···मेरे प्राण हैं यह···
मेरा जीवन, मेरी सरबस
इसे तो नित्य का निमन्त्रण है यहाँ···
लेकिन, हाँ, आधी रात के बाद का निमंत्रण
यह अक्सर यहाँ होती है
मध्य-निशा की हमारी 'पर्मानेंट गेस्ट' है यह तोऽऽ

चोऽप ! बाबा चोऽऽप !!
फिर हो गए तुम चालू !
नहीं मानोगे ?
अभी काफी रात है बाबा !
लेट जाओ ! लेट जाओ !!
डाक्टर दत्ता ने क्या कहा था, भूल गए ?
"नींद न आए
तो भी लेटे रहना
हाँ, आँखें मूंदकर
चुपचाप पड़े रहना···
इससे भी बेचैनी की मात्रा कम होगी"
डाक्टर दत्ता ने नहीं कहा था ?
डाक्टर सेन ने भी कहा था !
डाक्टर नवाब ने भी तो
ऐसा ही कुछ कहा था
लेकिन, तुमसे कौन कहे
किसके बाप की मजाल है कि
तुम्हें समझाएगा ऽऽऽ

यह मुझसे सही माने में
'भगवती-जागरण' करवा लेते हैं
रात को दो बजे के बाद
नींद नहीं आती है
यह तो प्रकृति का वरदान ही मानता हूँ
अपने लिए, जी हाँऽऽऽऽ
दुनिया भला क्या समझेगी
इस उनींदेपन का रहस्य !
मध्यरात्रि में बा-होश रहता हूँ,
बा-खबर ! होशियाऽऽर !
दुनिया को क्या लेना है इससे ?
मैं सोता रहता हूँ कि जागता रहता हूँ
किसी को क्या लेना है इससे

नीरव-निशीथ में अक्सर
'टेलिप्रिंटर' की तरह
लाइनों पर लाइनें
निकालने लगते हैं मेरे अन्तस्
तो मैं एकदम बिस्तरा छोड़ देता हूँ
उठ जाता हूँ/टार्च जलाता हूँ
पानी लेता हूँ थर्मस से...
सिरहाने के नीचे से घड़ी निकाल कर देखता हूँ
2.27 या 2.32 या 2.54...
मन ही मन जमाता रहता हूँ
इन पंक्तियों को तरतीब में
डायरी के किसी भी पेज में
लिखना शुरू कर देता हूँ...

तो लो, साहब, आज
आज सद्यः दिवगंत
कामरेड गंगाधर अधिकारी
कागज पर उतर आए !
कल रात 'लु-शुन' आए थे
परसों 'कोहरे' वाले गीत की
दस-एक पंक्तियाँ उभरी थीं...
पिछली गर्मियों की बात है,
गोमती गेस्ट हाउस के रूम नं० 61 में
(वि० चौ० के तख्त पर)
नागभूषण पटनायक
और
शंकर गुहा नियोगी
सरसराकर उतर आए थे कागज पर ..

बेईमान नहीं हूँ
मैं सबके साथ इन्साफ करता हूँ
मैं प्यार भी बाँटता हूँ
मैं नफरत की भट्ठी भी झोंकता हूँ !

23.11.81

आखिर ऐसा क्या कह दिया मैंने

नहीं, नहीं,
हमें यहाँ नहीं डालो !
जी नहीं कतई नहीं !
भई, यहाँ तो अपना
दम ही घुट जाएगा
हमें यहाँ नहीं गोदो
टंकित नहीं करो यहाँ
नहीं, बिल्कुल नहीं !
प्लीज, हमारे साथ
यों बल प्रयोग न करना
जी हाँ, आप ऐसा करो !
हमें एक-एक
दिल के अन्दर डालते चलो
गोदते चलो
एक-एक हृदय पटल पर
टंकित करो
अन्तरतर की
मसृण-मुलायम पाटियों पर !
हाँ, हाँ, वैसा ही करना
हमारे प्रीतम प्यारे !
कवि-मित्र
भाव-सखा हमारे !
नहीं, नहीं
अब कोरे कागजों पर
नहीं उतरूँगी मैं !
मैं तो विचरण करूँगी

दिलों वाली
नदियों का
सैकत-पुलिन पर !
टंकित होऊँगी
दीन-दुखियों के मानस पटल पर
अरे, अरे, अरे !
तुम हमसे मुँह चुराते हो !
आखिर ऐसा क्या कह दिया मैंने !

2.8.84